Alexander und Cindy Fischer

Der Süden Floridas: Miami, Key West und die Everglades

Bibliografische Information der Deutschen Nationalbibliothek:

Die Deutsche Nationalbibliothek verzeichnet diese Publikation in der Deutschen Nationalbibliografie; detaillierte bibliografische Daten sind im Internet über http://dnb.d-nb.de abrufbar.

Impressum:

Lektorat: Christine Hoffner, Elena Zharikova

Copyright © 2014 GRIN & Travel

Ein Imprint der GRIN Verlag GmbH

Anfahrt	7
Ankunft in Miami Beach	9
Einziehen und Losziehen	11
Endlich typisches American Dinner!	13
Auf zu den Florida Keys	14
Miami Downtown und South Beach	24
Spaziergang am South Beach und Ocean Drive	28
Fort Lauderdale	29
Ausflug zu den Everglades	34
Der letzte Tag	42
Rückflug	49
Fazit	50
Links	52
Bildnachweise	53

Anfahrt

Unsere Rundreise durch den Osten der USA, begonnen in New York, brachte uns als nächstes nach Florida. Startpunkt für den zweiten Teil der Reise war der Flughafen in Orlando, an dem wir unseren Mietwagen abholten und zur langen Fahrt entlang der Ostküste in Richtung Miami ansetzten. Wer nicht wie wir mit einem Mietwagen unterwegs ist, kann alternativ auch andere Transfermöglichkeiten nutzen. Am schnellsten gelangen Touristen mit dem Flugzeug ans Ziel. In 75 bis 60 Minuten sind Miami oder der Nachbarort Fort Lauderdale erreichbar. Für Familien, die Stress vermeiden möchten und lieber viel Zeit vor Ort verbringen wollen, ist ein Flug somit sicherlich die beste Option. Aber auch für Reisende, die innerhalb kürzester Zeit viele Highlights sehen wollen, bietet sich ein Flug nach Miami an.

Für ältere Menschen und Flugangsthasen kann auch ein Bustransfer interessant sein. Wer mit GotoBus nach Miami fahren will, muss mit ca. fünf bis sechs Stunden Fahrzeit rechnen. Sehenswert sind diese Fahrten jedoch nicht, da der Bus fast ausschließlich auf Floridas Turnpike, einer mautpflichtigen Autobahn im Landesinneren, unterwegs ist.

Eine weitere Möglichkeit ist eine Fahrt mit den Silver-Service Zügen von Amtrak. Das Streckennetz ist so weit ausgebaut, dass man von der Ostküste bis an die Westküste durchfahren kann. Die Fahrt von Orlando nach Miami dauert je nach Zugwahl zwischen fünf und sieben Stunden und ist vermutlich ein schönes Erlebnis. Für ausführliche Informationen ist die offizielle und sogar auf Deutsch verfügbare Webseite von Amtrak die erste Anlaufstelle.

Wer etwas mehr Zeit für seine USA-Reise mitbringt und das Land individuell genießen und erkunden will, dem bleibt allerdings nichts anderes übrig, als mit einem Mietwagen die Strecke selbst abzufahren.

Für uns war der Mietwagen von vornherein die beste Lösung. Wir wollten unabhängig reisen und so viel wie möglich von Florida mitbekommen. Auch die Klimaanlage stellte sich bei der hohen Luftfeuchtigkeit und den Temperaturen von bis zu 30°C als unentbehrlich heraus. Schnellfahrer erreichen Miami über die Autobahn in ca. drei bis vier Stunden.

Wir aber fuhren direkt an der Küste die 1A1 entlang und lernten den Sunshine State Florida von seiner besten Seite kennen. Von Orlando aus starteten wir zuerst in Richtung Cape Canaveral. Von dort ging es bis Miami Beach immer an der Küste entlang, vorbei an den Städten Palm Bay, Vero Beach, Port St. Lucie, Palm Beach, Pompano Beach und Fort Lauderdale. Überraschenderweise war die Küste ab Cape Canaveral bis hinunter nach Miami komplett bebaut und bewohnt. Wenn nicht in regelmäßigen Abständen ein neues Ortsschild aufgetaucht wäre, hätten wir das Gefühl gehabt, durch eine einzige, ewig lange Küstenstadt zu fahren. Wir müssen ehrlicherweise sagen: Sehenswerte Zwischenstopps im Hinblick auf die Städte gibt es nicht wirklich auf dieser Route. Faszinierend sind lediglich das Meer und seine Küstenlinie.

Hin und wieder gab es gute und interessante Einkaufsmöglichkeiten. Schlauer wäre allerdings gewesen, interessante Läden vor der Fahrt zu ermitteln und direkt anzusteuern. Damit hätten wir uns viel Zeit gespart und keine zeitraubenden Umwege unternommen. Ansonsten gab es auf der gesamten Route nur urbane Gebiete mit ihrer ortsüblichen Bauweise zu besichtigen. Die Strecke war mindestens doppelt so lang wie die Route über die Autobahn und durch unsere Zwischenstopps brauchten wir den ganzen Tag bis nach Miami. Dafür hatten wir auch Zeit für einen Zwischenstopp inklusive Spaziergang am Strand, machten ein paar gute Schnäppchen und aßen an einem Pier mit herrlicher Aussicht auf das Meer zu Mittag.

Ankunft in Miami Beach

Auch wenn unsere Fahrt sehr lange gedauert hatte, kamen wir ganz entspannt am späten Nachmittag an unserem Hotel in Miami Beach an. Da Miami Beach einen langen Küstenabschnitt abdeckt, aber nicht sehr weit ins Landesinnere reicht, hatten wir keine großen Schwierigkeiten, unser Hotel zu finden. Wir wussten ungefähr, auf welcher Höhe das Hotel liegen müsste und anhand eines Fotos entdeckten wir es dann auch auf Anhieb.

Das Hotel war im Prinzip so, wie wir es erwartet hatten: in direkter Strandnähe und mit versprochenem Pool. Der war uns sehr wichtig, da wir keine wagemutigen Wasserratten sind, die im kalten und tosenden Atlantik schwimmen gehen wollten. Das Hotel selbst zeichnete sich durch einige Besonderheiten aus, beispielsweise waren sowohl die Lobby als auch der Restaurantbereich aufwendig mit alten und zu Sitzecken umgebauten Oldtimern ausgestattet.

Hier möchte man einfach nur einen Riesen-Milchshake bestellen...

Dies war für uns zwar nicht ausschlaggebend bei der Hotelwahl, aber es passte gut zu Miamis Art-déco-Stil. An der Rezeption baten wir um ein Zimmer mit Blick auf South Miami Beach.

Der Vorteil bei einem solchen Zimmer war, dass wir sowohl Aussicht auf den Strand und auf das Meer zur linken Seite als auch auf Downtown Miami zur rechten Seite hatten. Auch die Lage des Hotels war sehr gut, denn direkt davor befand sich eine Bushaltestelle. Zu beiden Seiten hin gab es einige Restaurants und Geschäfte, in denen wir uns mit Getränken versorgen konnten. Das Wetter war weiterhin mehr als prächtig. Wir hatten blauen Himmel und es wehte eine leichte Brise.

Der Strand von Miami Beach

Einziehen und Losziehen

Unsere erste Amtshandlung galt wie immer der Inspektion unseres Hotelzimmers. Erfreulicherweise war es bis auf den üblichen beißenden Reinigungsgeruch sauber, großzügig geschnitten und sah überhaupt nicht abgewohnt aus – nur der übliche beißende Reinigungsgeruch stieg uns in die Nase. Wir lüfteten ordentlich, packten unsere Koffer aus und zogen uns passende Strand-Klamotten an. Jetzt sollte es endlich hinunter ans Meer gehen!

Der Strand in Miami Beach unterscheidet sich sehr von den bei uns in Europa üblichen. Er ist megabreit – vielleicht 100 m oder mehr – und der Sand ist viel grobkörniger als bei uns. Am besten gefiel uns aber, dass der Strand nicht mit tausenden Sonnenliegen und -schirmen zugebaut war – im Gegensatz zu vielen anderen Urlaubsstränden Europas. Eventuell ist dies in der Hochsaison anders, aber zumindest während unserer Reisezeit hatten wir Platz ohne Ende.

Miami Beach: Mehr Sandstrand kann man sich nicht wünschen!

Zum Baden war uns das Wasser definitiv zu kalt, aber aufgrund des starken Wellengangs wären wir sowieso nicht schwimmen gegangen. Wir sind wassertechnisch eher Pool-Liebhaber als Schwimmer in offener See. Den Rest des Abends liefen wir am Strand entlang und schauten den Anglern, Boccia-Spielern und einem Volleyballmatch zu.

Während die Sonne langsam unterging, schlenderten wir wieder in Richtung Hotel, um uns ein schönes Restaurant zum Abendessen zu suchen.

Endlich typisches American Dinner!

Auf der Suche nach einer schönen Location flanierten wir in passender Abendgarderobe auf der Straße vor dem Hotel entlang, bis wir auf <u>Flanigan's Seafood Bar & Grill</u> stießen. Diese urige Bar sah einfach toll aus, sodass wir nicht anders konnten, als hineinzugehen. Dort gab es Musik, Fernseher liefen überall und es gab das komplette amerikanische Barbecue auf der Karte. Ein perfekter Platz, um richtig zünftig und amerikanisch zu essen. Wir entschieden uns für Spareribs und einen lecker-knackigen Caesar Salad mit Hähnchenbrust-Streifen. Dazu gab es Softdrinks in 1-Liter-Bechern und Bier aus einem Krug. Wow, wir hatten das Gefühl, kulinarisch nun wirklich in Amerika angekommen zu sein! Auch wenn die Gerichte auf unseren Tellern alles andere als gesund waren – diese Art des Essens ist in Amerika normal. Bloß gut, dass wir nur wenige Wochen in Amerika verbringen wollten und bald in Deutschland wieder gesünder essen konnten. Auf der anderen Seite des Atlantik hieß es aber erst einmal Schlemmen bis zum Abwinken.

Vollgefuttert und träge schlurften wir zurück in unser Hotel. Die Aussicht vom Hotelzimmer auf Miami Downtown bei Nacht war fantastisch. Wir konnten an den beleuchteten Hoteltürmen am Miami Beach vorbei bis zur City von Miami schauen. Dabei waren natürlich die sternenklare Nacht, aber auch das Feuerwerk im Hafen von Miami eine große Hilfe. Leider konnten wir nicht herausfinden, zu welchem Anlass es stattfand, dennoch waren wir uns ziemlich sicher, dass es einzig und allein unserer Ankunft galt. :-)

Auf zu den Florida Keys

Am nächsten Morgen standen wir zeitig auf. Ein Blick aus dem Fenster zeigte uns eine trübe Nebelsuppe, aber der Wetterbericht im Fernsehen sagte bereits sehr gutes Wetter voraus. An der kleinen Mole, an der wir am Nachmittag zuvor vorbeigelaufen waren, waren schon wieder – oder vielleicht auch immer noch – die Angler auf der Jagd nach einem frischen Fang.

Die Angelpatrouille auf Jagd

Auch Miami Downtown lag noch im Nebel, vielleicht war es aber auch nur der Rauch von unserem nächtlichen Feuerwerk, der sich nicht verzogen hatte. Wir sollten es herausfinden – aber nicht ohne eine vernünftige morgendliche Stärkung.

In dem mit Oldtimern bestückten Restaurant des Hotels erwartete uns ein umfangreiches Frühstücksbüffet, über das wir uns nicht beschweren konnten. Es gab im Prinzip alles, was man sich wünschen konnte, von Eiern in jeglicher Form über Brot, Milchspeisen, Wurst und Fleisch bis hin zu Salaten und süßen Leckereien. Hier lohnte sich das im Hotelpreis inbegriffene Frühstück im Vergleich zu vorherigen Aufenthalten, beispielsweise in New York, absolut.

Standesgemäß setzten wir uns in einen der umgebauten Oldtimer und nahmen in aller Ruhe unser Frühstück zu uns, während wir unsere Floridakarte für die geplante Tour studierten.

Unser Ziel für diesen Tag waren die Florida Keys. Auch wenn die Fahrt und der Tag lang werden würden, wollten wir die Keys gleich besuchen, um am nächsten Tag unseren Mietwagen wieder abgeben zu können. Tage, an denen wir für den Mietwagen zahlten, ihn aber gar nicht brauchten, wollten wir natürlich vermeiden. Und die Florida Keys waren das einzige Highlight, für das der Mietwagen noch zum Einsatz kommen sollte. Alle anderen Punkte auf unserer Liste waren bequem mit öffentlichen Verkehrsmitteln erreichbar.

In jedem Reiseführer werden die Florida Keys mit der Stadt Key West am letzten Zipfel von Amerika als Top-Tipp empfohlen. Auch wir wollten uns dieses kleine Städtchen am südlichsten Punkt der USA anschauen. Von Miami Beach aus sagte unser Routenplaner eine Strecke von 240 Kilometern und einer Fahrzeit von ungefähr vier Stunden voraus. Hin und zurück wären das gute acht Stunden Fahrzeit, wenn wir keine Zwischenstopps machen und vor Ort kaum Zeit verbringen würden. Da dies jedoch sehr unrealistisch war, gingen wir davon aus, dass der Tag erst sehr spät enden würde. Wir starteten in Richtung Downtown Miami und fuhren von dort den Highway US 1 entlang. Es gab wenig Verkehr und wir kamen flott voran, sodass wir das nördliche Ende der Florida Keys auch bald erreichten.

Auf dem US Highway 1, der von Fort Kent in Maine die gesamte Ostküste bis nach Key West entlang läuft.

Hier allerdings begann der Oversea Highway, der uns über 42 Brücken führen sollte. Ab da ging es nur noch schleppend vorwärts. Über größtenteils einspurige Fahrbahnen mit kaum Überholmöglichkeiten schlichen wir, im wahrsten Sinne des Wortes, Key West entgegen. Dies war uns allerdings sehr recht, da wir dadurch den schönen Landstrich der Inselkette bewundern konnten. Es war schon etwas surreal, inmitten des Meeres auf einer kleinen Straße oder oftmals auch nur über eine langgezogene Brücke entlangzufahren. Weit und breit war nur türkisblaues Meer zu sehen. Abwechslungsreich wurde es nur hin und wieder, wenn wir kleinere und größere Inseln überquerten. Dort standen nur wenige kleine Häuser und Menschen waren gar keine zu sehen. Nach kurzer Überfahrt waren wir auch schon wieder auf der einsam im Meer liegenden Straße. Wir nutzten die wenigen Haltemöglichkeiten, um direkt ans blaue und ruhige Meer zu gehen und um einfach nur die Ruhe und das Panorama zu bestaunen.

Türkisblaues Wasser wohin das Auge reicht – auf dem Overseas Highway

An einem Diner am Straßenrand legten wir eine größere Pause ein. Anhand der parkenden Fahrzeuge mit regionalen Kennzeichen konnten wir sehen, dass auch viele Einheimische dort essen gingen. Das Restaurant war definitiv renovierungsbedürftig, die Speisekarte ausbaufähig, aber die Gerichte darauf waren bedenkenlos essbar und frisch. Anfangs dachten wir, dass aufgrund der beendeten Touristensaison auf den Keys weniger los wäre und es daher überall nicht so gepflegt aussähe. Aber im Verlauf des Tages bekamen wir den Eindruck, dass der allgemeine Zustand der Häuser und Restaurants eher aus finanziellen Gründen heruntergekommen war. Sicherlich gibt es auf der Inselkette wenig Jobs und entsprechend steht den Menschen weniger Geld zur Verfügung. Da die Florida Keys dazu noch im Hurrikan-Gebiet liegen, fallen jedes Jahr unzählige Reparaturarbeiten an, was dazu führt, dass nur das Nötigste erledigt wird. Schade eigentlich, denn so wirkte alles sehr heruntergekommen, altbacken und verlassen.

Ein etwas älteres Modell eines Pick-up Trucks

Die sehr schöne Küsten- und Insellandschaft in allen Ehren, je länger wir Key West entgegenfuhren, desto langweiliger wurde uns. Aufgrund von Geschwindigkeitsbegrenzungen und Kolonnenfahrt ohne

Überholmöglichkeiten fuhren wir immer wieder an derselben Szenerie vorbei: links und rechts azurblaues Meer, lange Brücken, enge Straßen, vor und hinter uns andere Fahrzeuge und ab und an eine kleine Insel mit wenig Bebauung, die sehr heruntergekommen war – mehr aber leider auch nicht. So schön die ganze Szene auch war, es war einfach fade. Wir machten uns langsam Gedanken, was uns wohl auf Key West erwarten würde. Hoffentlich würde es mehr sein als das, was wir den ganzen Vormittag zu sehen bekommen hatten.

Mehr Meer geht echt nicht!

Nach sechsstündiger Fahrt war es dann so weit: Die vor uns liegende Insel war definitiv die größte von allen, die wir bis dahin passiert hatten. Wir fuhren bis zum Ende durch und suchten uns in der Nähe des Southernmost-Points einen Parkplatz. Zu Fuß liefen wir dann zu einer übergroßen Tonne, die den südlichsten Punkt Amerikas markiert. Von dort waren es nur 90 Meilen, beziehungsweise 81 Seemeilen bis nach Kuba – toll! Kuba war zwar nicht zu sehen, aber zumindest konnten wir erahnen, dass am anderen Ende des Horizonts der kleine, sozialistische Inselstaat lag. Ja, und was gab es sonst noch Besonderes auf Key West?

Die als Boje bemalte Abwasserkanaltonne markiert den südlichsten Punkt der USA.

Die Geschichten um das Leben von Ernest Hemingway, der hier ein paar Jahre gelebt hat, waren für uns nicht interessant. Touristen können sein Wohnhaus und das dazugehörige kleine Museum besuchen. Wir hatten das Gefühl, dass hier mit allen Mitteln versucht wurde, den Tourismus anzukurbeln. Wenn nicht Ernest Hemingway, hätte sicherlich die Aufenthaltszeit von einem anderen Promi als Inselpromotion herhalten müssen. Es gab noch einen Kreuzfahrthafen, an dem regelmäßig riesige Kreuzfahrtschiffe anlegten und Tausende von Passagieren für einen Landausflug auf der kleinen Insel ausspuckten. Als sehenswert würden wir das aber nicht bezeichnen. Am letzten Zipfel von Key West, mit Blick nach Kuba, gab es noch die US Naval Air Station der US-Army, die aber nicht besichtigt werden kann. Schöne Bilder der Militärbasis sind allerdings bei Google abzurufen.

Schöne Aussichten auf den Rest der Insel

Aber war das etwa schon alles? Ein paar Souvenirläden boten viel Kitsch und Kram an, den niemand wirklich brauchte und das war's auch schon. Enttäuscht, weil wir einfach viel mehr beziehungsweise etwas ganz anderes erwartetet hatten, setzten wir uns in ein Café mit Blick aufs Meer und ließen den bisherigen Tag Revue passieren. Nicht, dass wir heute nicht schon genug Meer gesehen hätten, aber wir wollten einfach die Stadt nicht mehr im Blick haben. War es das wert gewesen, den ganzen Tag bis zu dieser großen Tonne, dem südlichsten Punkt der USA, zu fahren?

Ein paar schickere Häuser gab es auch.

Wir verloren keine Zeit mehr und traten bald unseren Rückweg an. Da wir scheinbar von den am Vormittag angereisten Touristen die Ersten waren, die so frühzeitig wieder abreisten, hatten wir zeitweise komplett freie Bahn vor uns. Wir verzichteten zudem auf weitere Stopps, denn mittlerweile kannten wir alles, was es zu sehen gab. Wir wollten einfach nur noch zurück nach Miami Beach. Nach guten dreieinhalb Stunden waren wir wieder am Hotel und konnten – zumindest von landschaftlicher Seite her – dem heutigen Tag etwas Positives abgewinnen.

Der Overseas Highway ist insgesamt 205 Kilometer lang und führt über 42 Brücken.

Wer mit dem Gedanken spielt, selbst nach Key West zu fahren, der sollte sich wirklich gut überlegen, ob er dafür bis zu zehn Stunden Fahrt auf sich nehmen will. Erschöpft von dem langen Tag blieben wir, ohne zu Abend zu essen, im Hotel. Unsere Hoffnungen auf abwechslungsreichere Erlebnisse in Miami ruhten auf den kommenden Tagen.

Miami Downtown und South Beach

Der nächste Tag begann mit der Abgabe unseres Mietwagens und sollte der Eingewöhnung und Orientierung in Miami dienen. Für den Vormittag standen Miami Downtown und am Nachmittag South Beach mit dem Ocean Drive auf dem Plan. Den Mietwagen konnten wir direkt bei einer Station auf Miami Beach abgeben. Zwischen Miami Beach und Downtown gibt es eine perfekte Anbindung durch Linienbusse, was den Mietwagen für die restlichen Tage überflüssig machte. Einige Meter neben der Mietstation war eine Bushaltestelle, von der aus wir mit dem Bus bis nach Miami Downtown fuhren.

Die Fahrt ging zuerst bis in den südlichsten Zipfel von Miami Beach, vorbei an unzähligen unterschiedlichen Hotelkomplexen. Dann fuhren wir über eine lange Brücke hinüber auf das Festland. Auch diese für Miami typische Infrastruktur kannten wir bereits aus etlichen Filmen, daher bekamen wir gleich das Gefühl, schon einmal hier gewesen zu sein. In Wirklichkeit sah alles natürlich etwas anders und weniger farbenfroh aus als im Film.

Die Strandpromenade in Miami Downtown

Wir stiegen direkt am Yachthafen von Miami aus. Von hier wollten wir die Gegend zu Fuß erkunden. Nachdem wir ein paar Straßenblocks abgelaufen hatten, fiel uns der große Unterschied zwischen Haupt- und Nebenstraßen auf.

Von den sauberen, gepflegten Hauptstraßen mit ihren teilweise teuren Markengeschäften gingen des Öfteren düstere Seitenstraßen ab. Neben ausgeräumten Mülltonnen und vergitterten Fenstern bereitete uns aber noch etwas anderes ein mulmiges Gefühl: An vielen Ecken gab es Obdachlose und kleine Gruppen von herumlungernden Jugendlichen. Wir waren ja schon einiges von Großstädten in Deutschland gewohnt, aber hier war es irgendwie anders. Denn nur wenige Blocks abseits vom touristischen Getümmel rund um den Bayside Marketplace am Yachthafen war der schillernde Glanz von Miami wie weggeblasen. Miami war ganz anders verglichen mit New York. Wir waren in vielen Ecken von New York unterwegs, auch zu späterer Stunde, aber nie hatten wir das Gefühl, Angst haben zu müssen.

Wir entschieden uns kurzerhand, die Umgebungserkundung abzubrechen und blieben nur noch im für Touristen geeigneten Gebiet. Hier fuhren wir dann mit dem Miami Metromover, einer führerlosen Hochbahn. Diese Bahn fährt vollkommen automatisch und kann kostenlos genutzt werden. Davon machten wir ausgiebig Gebrauch und fuhren jede der drei mehr oder weniger langen Strecken ab, wodurch wir Miami Downtown zumindest von einer erhöhten Position aus anschauen konnten. Wir verließen die Hochbahn wieder an unserer Einstiegsstation und liefen zurück zum Bayside Marketplace. Hier gab es im Prinzip alles, was Touristen brauchen, vor allem ein angenehmes Gefühl von Sicherheit. Wir klapperten ein paar der Boutiquen ab und aßen im Hard Rock Café zu Mittag.

Das Hard Rock Café Miami

Nach dem Essen schauten wir uns den Yachthafen genauer an. Auf der einen Seite ist es schon sehr beeindruckend, wie viele Yachten im Wert von mehreren Millionen Dollar dort liegen – eine schöner und größer als die andere. Auf der anderen Seite war es sehr bedrückend zu wissen, dass nur wenige Straßenblocks weiter bereits die Armut der Bevölkerung, Kriminalität und Obdachlosigkeit das öffentliche Leben bestimmten. Es gab uns zu denken, dass wir als Touristen zunächst an das Thema Sicherheit dachten. Wir nahmen uns noch Flyer von den angebotenen Hafenrundfahrten mit und nahmen daraufhin wieder den Bus nach Miami Beach. Dort fühlten wir uns wieder um einiges wohler.

Der Yachthafen mit der American Airlines Arena im Hintergrund

Spaziergang am South Beach und Ocean Drive

Im Hotel wechselten wir nur kurz unser Outfit und gingen zu Fuß am Strand in Richtung South Beach, ganz zum unteren Ende von Miami Beach. Je nachdem auf welcher Höhe das Hotel liegt, kann dies schon ein sehr langer Strandspaziergang werden – denn Miami Beach ist ca. 14 Kilometer lang. Alternativ können erschöpfte Touristen auch einige Blocks mit dem Taxi oder dem Bus fahren, was wir uns für die Rückfahrt am Abend aufheben wollten.

Das Wetter war wieder super. Nicht zu warm, nicht zu kalt und nur ein leichtes Lüftchen wehte. So könnte es immer sein. Je näher wir dem Ocean Drive, der Hauptmeile schlechthin kamen, desto mehr Menschen begleiteten uns in diese Richtung. Der Strandabschnitt, auf dem wir uns gerade befanden, wurde sichtlich voller. Scheinbar hatten viele andere Touristen auch die Idee gehabt, abends nach South Beach zu spazieren und den Tag ausklingen zu lassen. Der Ocean Drive ist eigentlich nichts weiter als eine Straße, die direkt am Strand entlangläuft. Gerade am Abend versammelt sich hier das Partyvolk und belagert sämtliche Bars, Restaurants und Clubs. Auch der Strand und die Gehwege waren bei unserem Spaziergang voller Menschen. Auf der Straße schlichen Stoßstange-an-Stoßstange die Fahrzeuge an einem vorbei. Es kam uns so vor, als würden etliche Fahrzeuge mehrmals an uns vorbeifahren. Scheinbar gab es nichts Cooleres in Miami, als am Abend den Ocean Drive auf und ab zu fahren. Schade, dass wir bereits unseren Mietwagen abgegeben hatten, sonst hätten wir das auch noch ausprobiert. Anfangs schauten wir uns das bunte Treiben vom Strand aus an und gingen dann in ein Restaurant zum Essen. Um die vorbeiströmenden Menschenmassen besser beobachten zu können, suchten wir uns natürlich einen Platz auf der Terrasse. Wer im Restaurant gerne beim Essen sitzt, sollte übrigens frühzeitig da sein, denn je später es wurde, desto rarer wurden die Sitzplätze. Den Abend beendeten wir an einer Bar und ließen uns von einem Taxi wieder zurück ins Hotel bringen.

Fort Lauderdale

Am nächsten Morgen standen wir nicht allzu spät auf, da wir wieder einen Tagesausflug geplant hatten. Wir wollten uns das Nachbarstädtchen Fort Lauderdale anschauen, in der Hoffnung, dass es sich als etwas beschaulicher herausstellen würde als Miami Downtown. Zum Wetter müssen wir an dieser Stelle nicht viel sagen. Es war bereits am frühen Morgen sehr warm und der Himmel war megablau.

Um nach Fort Lauderdale zu kommen, gab es wieder mehrere Möglichkeiten. Zum Beispiel können Tagesausflügler mit einem Taxi fahren, was aber ziemlich teuer wird, da die Entfernung ungefähr 30 Kilometer beträgt. Wer mit dem öffentlichen Bus fahren will, der fährt zwar günstig, muss sich aber auf eine Fahrtdauer von drei Stunden mit zweimaligem Umsteigen einstellen. Wir haben uns für einen Mix aus teuer und günstig entschieden. Der Shuttleservice auf dem Hinweg war etwas teurer und die Zugfahrt zurück zum Hotel dafür etwas günstiger. Mit dem Mischpreis waren wir am Ende aber sehr zufrieden.

Für die Hinfahrt nach Fort Lauderdale bestellten wir uns am Vortag im Hotel einen Shuttleservice. Die Mitarbeiter an der Rezeption waren äußerst zuvorkommend und halfen uns gerne dabei. Zudem lagen auch überall Flyer der verschiedensten Unternehmen aus. Der Shuttleservice fährt in der Regel mit einem kleinen Minibus verschiedene Hotels ab und sammelt die gebuchten Touristen ein. An diesem Tag wurden wir ohne Stopp direkt nach Fort Lauderdale Beach gefahren, denn wir waren die letzten Gäste, die eingesammelt wurden.

Fort Lauderdale wird passenderweise auch als „Venedig Amerikas" bezeichnet – kein Wunder, auch hier besitzt fast jeder ein Boot!

Bei herrlichem Wetter verbrachten wir den Tag am Strand und an der Promenade. Ein besonderes Schauspiel bot der Kreuzfahrthafen. Da an den Kreuzfahrtterminals bis zu zehn Kreuzfahrtschiffe gleichzeitig anlegen können, ist es ein besonderes Highlight, die riesigen Schiffe beim Ein- und Ausfahren aus dem Hafen zu beobachten. Auch der riesige Yachthafen mit seinen unendlich vielen großen und kleinen Yachten ließ echtes Karibik-Feeling aufkommen. Von diesen angenehmen Tagen, an denen man einfach in der Sonne relaxt und an der Uferpromenade entlang bummelt, kann man eigentlich nie genug haben!

Am Strand von Fort Lauderdale kommt richtig Karibik-Feeling auf.

Am frühen Nachmittag nahmen wir dann ein Taxi, das uns in wenigen Minuten zum Bahnhof in Fort Lauderdale brachte. Dort stiegen wir in den Regionalzug von Tri-Rail ein und fuhren bis zur Endstation, dem Miami Airport. Zeitlich gesehen ging die Rückfahrt im klimatisierten Zug deutlich zügiger voran als mit dem Shuttle-Bus am Morgen. An der Endhaltestelle konnten wir einen ersten Blick auf unseren Abflughafen Miami International werfen, von dem aus wir in wenigen Tagen wieder nach Deutschland fliegen würden.

Noch ein letztes Wort zu Fort Lauderdale: Wer sich nicht ganz sicher ist, ob er eher Fort Lauderdale oder Miami als Urlaubsort vorziehen sollte, dem sei gesagt, dass Fort Lauderdale etwas kleiner, beschaulicher und günstiger ist als Miami. Aufgrund der direkten Nachbarschaft ist ein Transfer zwischen beiden Städten jederzeit möglich und absolut unproblematisch. Es fahren Shuttle- sowie Linienbusse, Züge und Taxen oder man kann, wie bereits beschrieben, für ein paar Tage einen günstigen Mietwagen leihen. Da wir uns bei der Planung mehr gegen Süden orientiert haben und auch in Miami Downtown öfter unterwegs waren, entschieden wir uns für den Standort Miami Beach. Bei einem zukünftigen Besuch würden wir aber Fort Lauderdale bevorzugen, denn so intensiv müssen wir uns Miami nicht noch einmal ansehen.

In Fort Lauderdale hatten wir während unseres Tagesausfluges einfach ein rundum gutes Gefühl, und auch hier gab es alles, was bei einem Aufenthalt vonnöten war.

Vom Bahnhof am Miami Airport fuhren wir mit dem Linienbus ein paar Stationen bis zum Bayside Marketplace am Yachthafen. Um dem wunderschönen Tag ein passendes Ende zu gönnen, wollten wir im Seafood Restaurant Bubba Gump zu Abend essen. Bubba Gump, das kennen viele doch von irgendwoher, oder? Ja genau, es ist die Restaurantkette, die durch den Film Forrest Gump mit Tom Hanks Berühmtheit erlangte. Wie es sich für amerikanische Verhältnisse gehört, war dem Restaurant gleich ein umfangreicher Souvenirshop angeschlossen. Entsprechend haben wir nun T-Shirts von Bubba Gump Miami. Viel wichtiger waren uns aber das Essen und der Blick auf den in der Dämmerung liegenden Yachthafen.

Die freundlich lächende Garnele des Bubba Gump Logos

Den Hafen mussten wir vor allem wegen der Uhrzeit gut im Auge behalten, denn um 20:00 startete unsere abendliche Hafenrundfahrt. Anfangs waren wir uns nicht ganz sicher gewesen, was der Sinn einer Bootsfahrt bei Nacht sei. Als wir aber das großzügig beleuchtete Hafenareal gesehen hatten, fanden wir die Idee super. Das Boot hatte vielleicht 15 Passagiere an Bord und – wie wir es bereits aus New York kannten – erzählte auch hier ein Guide interessante

Details zu Miami. In erster Linie betraf dies vor allem Informationen zu den Stars und Sternchen, die auf den umliegenden, meist künstlich erschaffenen Inseln leben. Es war schon beeindruckend, an den riesigen beleuchteten Villen vorbei zu fahren. Und in jeder von ihnen wohnte ein namhafter Promi. Das war so typisch für Amerika: Auf der einen Seite leben die Reichen auf ihren bewachten und abgeschirmten Inseln in Villen im zweistelligen Millionenbereich, und nicht weit weg vom touristischen Zentrum der Stadt sticht einem die Armut der normalen Bevölkerung ins Auge. Eine nächtliche Hafenrundfahrt hatten wir zuvor noch nie gemacht, doch umso mehr hat sie uns letztlich gefallen und wir können sie jedem nur weiterempfehlen. Mit dem Taxi ging es dann zurück ins Hotel und ins Bett. Nach dem umfangreichen Tagesprogramm waren wir völlig erschöpft.

Der Bayside Marketplace im Yachthafen bei Nacht

Ausflug zu den Everglades

Endlich konnten wir mal ausschlafen, denn nach unseren vielen Ausflügen wollten wir uns einen Beach & Pool Day gönnen. Nach dem umfangreichen Frühstücksbüffet legten wir uns an den Pool und sammelten neue Kräfte. Später am Strand ging es schon wieder sportlich zu: Wir mischten uns unter ein paar Beachvolleyballer und spielten ein paar Runden mit. Unser Tageshighlight fand allerdings erst am Nachmittag statt, denn den ganzen Tag faul in der Sonne liegen war schließlich doch nicht so unser Ding.

Aus den unzähligen Flyern, die überall in den Hotels und Restaurants auslagen, suchten wir uns eine Airboat-Tour durch die Everglades heraus. Da der ganze Ausflug nur ca. drei Stunden dauern sollte, konnten wir den Vormittag genießen und planten, am frühen Nachmittag mit der Tour zu beginnen. Die Kosten für die Everglades-Tour lagen zwar über vergleichbaren Eintrittspreisen, aber dafür waren der Hin- und Rücktransport, die Bootsfahrt durch die Everglades sowie ein Reptilien-Streichelzoo inklusive. Zudem wurde die Tour damit beworben, dass man mit hundertprozentiger Sicherheit einen Alligator in freier Wildbahn sehen könnte. Wenn das mal kein Grund für eine Teilnahme an der Tour war!

Zum vereinbarten Abholtermin warteten wir vor unserem Hotel auf den Shuttlebus. Mit etwas Verspätung kam dieser dann auch und hatte wie üblich noch andere Touristen mit an Board. Insgesamt waren wir vier deutsche Pärchen auf dem Weg in die Everglades zum Sawgrass Recreation Park. Die Fahrt dauerte ungefähr 45 Minuten und als wir ausstiegen, waren wir in einer anderen Welt. Weit und breit kein Meer, kein Strand, keine Häuser. Nur flaches Grasland und ein Fluss. Im Vergleich zu Miami war das hier die Pampa. Das Zirpen der Heuschrecken war das einzige Geräusch, das ab und zu die Stille durchbrach. Das waren sie also: die Everglades, die jedem ein Begriff sein sollten. Als Einstiegsinformation ist der Wikipedia-Eintrag sehr hilfreich.

Im tropischen Marschland der Everglades

Als Erstes stand das Einsprühen mit Anti-Mücken-Spray auf der Tagesordnung. Denn die Everglades sind das perfekte Siedlungsgebiet für Moskitos: unsagbar warm und schwül, mit langsamen und stehenden Gewässern, und dazu stand auch noch die Dämmerung kurz bevor.

Der „Hochsitz" unseres Kapitäns

Innerhalb der nächsten 15 Minuten saßen wir bereits auf unserem Airboat, das komplett aus Aluminium hergestellt war und am hinteren Ende zwei riesige Propeller hatte. Am äußersten Rand daneben war ein Hochstuhl montiert, auf dem der Kapitän Platz nahm und das Boot steuerte.

Vor dem Start gab er noch kurze Instruktionen zum Ablauf der Fahrt und dann ging es auch schon los. In dem Moment, als er den Motor anwarf, flogen uns unsere Köpfe weg – natürlich nicht in Wirklichkeit, aber ungefähr so müsste sich das anfühlen. Die Propeller waren dermaßen laut, dass wir uns dauerhaft die Ohren zuhalten mussten. Als es dann ziemlich flott über die unter Wasser stehende Graslandschaft ging, hatten wir einige Schwierigkeiten, uns am Boot festzuhalten. Wie sollte das auch gehen, unsere Hände waren ja fest an unsere Ohren gepresst.

Eines der in den Everglades üblichen Air- bzw. Sumpfboote

Alle paar Minuten stoppten wir an den unterschiedlichsten Stellen mitten im Nichts auf der Suche nach den versprochenen Alligatoren, während unser Kapitän einige allgemeine Informationen zu den Everglades von sich gab. So ging das bestimmt eine halbe Stunde lang. Krachend laute und schnelle Fahrt durchs Nichts und immer wieder kurze Stopps für nichts und wieder nichts. Unser Kapitän wunderte sich selbst über die Abwesenheit jeglicher Alligatoren. Er sagte, dass es so gut wie nie vorkäme, dass keine da wären. Immer wieder fuhr er die geheimsten der geheimen Beobachtungspunkte an – ohne Erfolg. Für uns war das Fernbleiben der Alligatoren aber vollkommen verständlich. Wenn jemand mit einem Boot auf uns zurasen und dabei so viel Lärm wie ein startendes Flugzeug machen würde, würden wir uns auch verkriechen. Schnell verstanden wir den dramaturgischen Aufbau der Airboat-Tour: Alle Touristen an Bord waren mittlerweile so enttäuscht, gerade heute keinerlei Reptilien zu Gesicht zu bekommen, dass nun bereits die kleinste Mini-Schlange größte Emotionen ausgelöst hätte.

Das Marschland der Everglades erstreckt sich über 6104 km².

Kurz vor dem Ende der Tour, zeitlich also perfekt inszeniert, fuhr unser Kapitän noch ein allerletztes Mal eine ganz besondere und sicherlich auch wieder „geheime" Stelle in den Everglades an. Dazu muss man erwähnen, dass fast alle angefahrenen Punkte für uns nahezu identisch aussahen. Es hätte uns nicht gewundert, wenn unser Kapitän nach einer kleinen Rundfahrt immer wieder die gleiche Position aus unterschiedlichen Winkeln angefahren hätte. Sollten wir wieder Mal eine Airboat-Tour machen wollen, werden wir ein GPS-Gerät mitnehmen und das überprüfen.

An dieser letzten Stelle war unser Kapitän auf einmal sehr unruhig, als hätte er just in diesem Moment etwas Unheimliches gesehen. Er stieg sogar von seinem Hochsitz ab und mischte sich unter die Touristen. Nun suchten wir alle gemeinsam mit unseren Augen die Graslandschaft ab. Und plötzlich – wer hätte damit noch gerechnet – zeigte er auf einen kleinen Alligator in gut 30 Meter Entfernung. Es herrschte leichte Aufregung an Bord. Die einen freuten sich ungemein, anderen musste der Kapitän wiederholt zeigen, wo genau es denn etwas zu sehen gab. Es wurde eine Unmenge an Fotos geknipst und alle waren sichtlich zufrieden. Wenn man den vermeintlichen Alligator allerdings ganz genau betrachtete, erblickte man nicht mehr als einen Gegenstand im Wasser, der aufgrund der Entfernung nicht eindeutig zu identifizieren war. Dieser war vielleicht einen halben Meter lang und ragte maximal einen Zentimeter aus dem Wasser. Das war's. Das war also die hundertprozentige Alligatoren-Garantie? Das Ungetüm hatte sich weder bewegt noch mit den Augen geblinzelt, das Maul zum Gähnen oder Fressen geöffnet oder überhaupt einmal ein für Reptilien typisches Geräusch von sich gegeben. Nichts, rein gar nichts war da unserer Meinung nach im Wasser, außer einem supergut inszenierten Stück Treibholz, welches nun Autogramme hätte schreiben können, wenn wir näher dran gewesen wären. Zurück am Pier angekommen, bedankten wir uns alle artig beim Kapitän für die um 15 Minuten überzogene Tour (war natürlich eine absolute Ausnahme) und waren happy, dass wir eines der gefährlichsten, größten und seltensten Treibhölzer – äh, Ungeheuer – sehen durften.

Leider stehen die Everglades heute auf der Roten Liste des gefährdeten Welterbes der UNESCO.

Die Tour ging weiter in den angeschlossenen Reptilien-Streichelzoo. Hier waren überraschenderweise einmal echte Tiere zu sehen. Wir konnten es fast nicht glauben. Es gab alle möglichen Schlangen, Schildkröten, Krokodile und Alligatoren aller Altersklassen. Die Jüngsten wurden in einem Terrarium aufgezogen und die Ältesten lagen als Meterware in Tümpeln herum.

Ein (echter) Alligator

Wer besonders mutig war, durfte sogar einen kleinen Alligator auf den Arm nehmen. Das war mal beeindruckend! Warum waren wir nicht gleich hierher gekommen, anstatt erst die vielen Runden auf dem Fluss zu drehen? Zuletzt wurden wir dann noch durch einen kleinen Souvenir-Shop geschoben und fanden uns kurzerhand und super pünktlich auf dem Parkplatz wieder. Unser Shuttlebus fuhr uns wieder routiniert zurück ins Hotel.

Junge Alligatoren – sind sie nicht putzig?

Wer eine solche Airboat-Tour durch die Everglades machen möchte, sollte unbedingt folgende Dinge mitnehmen: Neben dem bereits angesprochenen Anti-Mücken-Spray ist ein wasserdichter Rucksack zu empfehlen, vor allem wenn Dinge mitgeführt werden, die definitiv nicht nass werden dürfen. Wegen dem Spritzwasser während der Fahrt ist es leider unvermeidlich, dass die Kleidung nass wird. Wer gern die Hände frei haben möchte, um sich festzuhalten oder mal ein Foto während der Fahrt zu schießen, der sollte auf jeden Fall Ohrstöpsel mitnehmen – ohne die wird eine Airboat-Tour nämlich zu einer echten Qual.

Schlussendlich muss sich jeder fragen, was er von einer solchen Tour erwartet. Das Preis-Leistungs-Verhältnis wird meistens erst nach der Tour in Frage gestellt. Die Landschaft ist sicherlich beeindruckend, aber nicht so berauschend, dass man dort drei Stunden verbringen muss. Bis auf wenige abgestorbene Bäume zeigt sich dort immer wieder das gleiche Bild. Es gibt wirklich nichts anderes zu sehen. Und auch die Großwildjagd sollte nicht überbewertet werden. Denn Besucher bekommen nichts zu sehen, was sie nicht bereits in einem normalen Zoo gesehen hätten, und Souvenir-Shops mit Everglades-Andenken gibt es in Florida wie Sand am Miami Beach.

Auch die Inszenierung bei der Krokosuche schien für deutsche Touristen wie uns sicherlich etwas zu offensichtlich und zu dick aufgetragen. Für amerikanische Verhältnisse wäre sie aber durchaus noch ausbaufähig gewesen.

Den Abend beendeten wir wieder mit einem leckeren Essen bei Flanigan's. Heute gab es einen großen Country-Burger und Chicken Wings. Anschließend verabschiedeten wir uns vom Flanigan's, denn der nächste Tag war bereits unser letzter in Amerika. Es war ein komisches Gefühl, dass die Reise schon wieder vorbei sein sollte, nachdem wir doch so viele Wochen mit der Planung verbracht und unsere Vorfreude geschürt hatten. Wir wollten daher den letzten Tag noch einmal so richtig genießen, vor allem da wieder fabelhaftes Wetter vorhergesagt wurde.

Der letzte Tag

Am Morgen wollten wir lange und ausgiebig frühstücken, wofür wir uns einen Platz am Fenster mit Blick auf den Strand von Miami Beach suchten. Wir probierten uns durch das gesamte Frühstücksbüffet und beobachteten die ersten Strandspaziergänger, Angler, Jogger und Hunde-Nannys. Letzteres sind Menschen, die Hundehaltern das Gassigehen abnehmen. Sie laufen mit ca. 15 angeleinten Hunden den Strand entlang, was schon ziemlich merkwürdig aussieht, aber auch extrem erheiternd sein kann. Nach dem Frühstück gingen auch wir an den Strand und später an den Pool. Erst nach dem Mittag, als die Sonne am Strand zu heiß wurde, starteten wir noch einen letzten Shopping-Ausflug, schließlich war noch genügend Platz in unseren Koffern. Die Vorteile unserer nur halb befüllten Koffer waren, dass wir erstens ausgiebig shoppen und zweitens unsere neuen Errungenschaften auch gleich anziehen und ausprobieren konnten.

Bei der Heimreise nach Deutschland müssen Flugreisende allerdings etwas aufpassen, denn die Zollfreigrenze liegt pro Person nur bei 430 Euro. Wer sich ausschließlich auf Kleidung konzentriert, dem reicht dieser Betrag locker aus. Wer sich aber Elektronik kaufen will, der gelangt schnell an die Grenze des Freibetrages. Da wir nur mit wenigen Kleidungsstücken nach Amerika geflogen waren, mussten wir die neuen Sachen gleich tragen. Dies hatte den Vorteil, dass gebrauchte Kleidung nur sehr schwer als Neuware zu identifizieren ist und somit oft nur schwer verzollt werden kann. Dieser Trick sollte allerdings nicht ausgereizt und die Zöllner am deutschen Flughafen damit nicht auf die Probe gestellt werden, denn das kann teuer werden. Ein Tipp noch, falls die Koffer einmal so voll sein sollten, dass sie nicht mehr zugehen: Man kann auch bequem ein Paket in den USA aufgeben und in die Heimat verschicken. Das kostet sicherlich etwas Geld, aber andererseits muss sich dann beim Kofferpacken niemand einschränken. Aufgrund der langen Zustellungszeit kommt das Paket meist erst an, wenn die Reise bereits zu Ende und man wieder zu Hause ist. Vorteilhaft ist auch, nur bereits getragene Sachen und andere Reiseutensilien an Stelle der neu gekauften Kleidung zu verschicken, denn die Zollfreigrenzen auf dem Postweg sind deutlich niedriger.

Den Rest des Tages wollten wir in der Sawgrass Mills Outlet Mall verbringen, der für unsere Verhältnisse wahrscheinlich größten Shopping Mall der Welt, wenn man nur nach der Liste der Läden gehen würde. Auf die Mall aufmerksam geworden sind wir durch viele Flyer und Plakate, die überall zu finden waren. Wie üblich gibt es auch hier einen Shuttle-Service, der die Touristen direkt in Miami Beach an mehreren Haltestellen abholt. Die Abholung lief diesmal reibungslos und nach gut 45 Minuten Fahrt kamen wir an der Sawgrass Mills Outlet Mall an.

Weihnachtsdekoration im Sawgrass Mills Outlet

Geöffnet hat die Mall werktags von 10:00 Uhr bis 21:30 Uhr und sonntags von 11:00 Uhr bis 20:00 Uhr. Auch wenn es bereits Nachmittag war, hatten wir bis zur Schließung noch ausreichend Zeit, um die Geschäfte auf unserer Liste abzuarbeiten. Wer die ganze Outlet Mall durchbummeln möchte, muss sicherlich öfter herkommen und deutlich mehr Zeit einplanen. Das Einkaufszentrum kann aber aufgrund seiner Aufteilung in fünf Bereiche strategisch gut durchforstet werden. Für das leibliche Wohl gibt es in den Food Courts jede Menge Restaurants, Cafés und Bistros. Wer gern online gehen möchte, kann das kostenlose WLAN-Netz benutzen, und wer keine Lust mehr aufs Shoppen hat, kann im riesigen Kino einen Film ansehen gehen. 23 Kinosäle und ein Imax-Kino laden hier zur willkommenen Abwechslung ein.

Leider mussten wir feststellen, dass in der Sawgrass Mills Outlet Mall nicht überall Outlet drin ist, wo auch Outlet draufsteht. Das war zwar etwas irreführend, aber trotzdem gab es überwiegend deutlich reduzierte Angebote. Da wir gut und schnell unsere Shopliste abarbeiten konnten, waren wir bereits gegen Abend wieder zurück im Hotel und mussten nur noch unsere Koffer packen. Während des ganzen Durcheinanders lief nebenher der Fernseher. Wir wollten einfach mal sehen, was im amerikanischen TV so gezeigt wird. Wenig überraschend waren die vielen TV-Shows und Serien, die auch bei uns im deutschen Programm laufen. Das amerikanische Fernsehprogramm ist teilweise aber noch nerviger, als es das deutsche bereits ist. Wir blieben am Ende bei einem regionalen Nachrichtensender hängen, der etwas weniger reißerisch über die Region Miami berichtete.

Als in den Sport-News von Miami gesprochen wurde, unterbrachen wir kurz unser Packen. Scheinbar gab es Interessantes zu berichten. Und tatsächlich berichtete ein Reporter live aus der American Airlines Arena, in der am Abend die Miami Heats gegen die Dallas Mavericks spielen würden. Wir schauten uns an und hatten beide den gleichen Gedanken: Warum sollten wir da nicht hingehen und uns das Spiel anschauen? Nicht, dass wir besondere Basketball-Fans wären, wir wollten einfach nur einmal ein typisch amerikanisches Basketballspiel erleben, vor allem, da der Deutsche Dirk Nowitzki bei den Dallas Mavericks mitspielte. Er könnte Unterstützung von deutschen Schlachtenbummlern sicher gut gebrauchen. Keine 30 Minuten später standen wir an der Bushaltestelle und waren auf dem Weg zum Hafen von Miami am Bayside Marketplace. Denn genau dort, wo wir während unseres Aufenthaltes etliche Male vorbeigelaufen waren, stand die Heimspiel-Arena der Miami Heats – die American Airlines Arena.

Die Beleuchtung der American Airlines Arena ist höchst eindrucksvoll.

Sowohl rund um die Multifunktionsarena als auch verstreut über den gesamten Hafenbereich befanden sich bereits Unmengen von Menschen. Alles sah vollkommen anders aus, sodass wir die Gegend kaum wiedererkannten. Die meisten Fans hatten entsprechende Teamkleidung an und waren daher leicht als Anhänger zu identifizieren. Sogar auf einigen Yachten wurden vor Spielbeginn bereits Partys gefeiert. Langsam fragten wir uns, ob wir überhaupt noch Tickets bekommen würden und falls ja, zu welchem Preis. Als wir etliche Kartenverkäufer sahen, die mit ihren übertreuerten Karten wedelten, hatten wir bereits jegliche Hoffnung aufgegeben. 120 Dollar wollten wir für die Karten definitiv nicht ausgeben. Letzten Endes gingen wir an einen Kassenschalter und fragten nach Restkarten. Die Dringlichkeit unserer Anfrage unterstrichen wir mit dem Hinweis, dass wir extra aus Deutschland angereist waren und am nächsten Morgen bereits wieder abreisen müssten. Ob die Dame einfach nur Mitleid mit uns hatte oder andere Gründe eine Rolle dabei gespielt haben, wissen wir nicht, aber schlussendlich gab sie uns zwei Eintrittskarten für das Spiel, das in einer Stunde beginnen sollte. Wir konnten es kaum glauben und freuten uns riesig. Allerdings gab sie uns noch die Information mit auf den Weg, dass dies ausschließlich Stehplätze im obersten Rang wären und wir uns auf keinen Fall hinsetzen dürften, da wir sonst die Arena wieder verlassen müssten. Das stellte kein Problem für uns dar, uns war nur wichtig, dabei zu sein.

Bevor wir uns die Arena von innen anschauen konnten, mussten wir zuerst an der Sicherheitskontrolle vorbei. Soweit gab es hier auch keine Probleme, allerdings wurden wir darauf hingewiesen, dass Profikameras ohne Presseakkreditierung an der Garderobe abgegeben werden müssten. Wie bitte? Was war denn jetzt schon wieder los? Erst hatten wir in New York Probleme mit unserem Stativ und nun war's die Kamera. Was für eine Profikamera – und warum Presse? Die Dame an der Garderobe klärte uns dann auf. Sie sagte, dass wir offensichtlich als ausländisches Presseteam eingestuft worden wären und nur aus diesem Grund noch die Stehplatzkarten bekommen hätten. Unsere Kamera durften wir mangels Akkreditierung nicht mitnehmen. Dazu möchte ich kurz erwähnen, dass ich eine normale Spiegelreflexkamera von Sony habe und weder eine Kameratasche oder Scheinwerfer noch ein Stativ dabei hatte. Wir ärgerten uns natürlich, aber im Endeffekt konnten wir gegen diese Entscheidung nichts unternehmen, außer wieder zu gehen, was für uns nicht in Frage kam.

Nachdem wir unsere „Monsterkamera" abgegeben hatten, machten wir uns auf den Weg zu unseren Plätzen. Uns war natürlich klar, dass wir für zehn Dollar pro Person nicht direkt am Spielfeldrand sitzen würden, aber wo genau nun diese ominösen Plätze sein sollten, wusste auch in der Arena nicht jeder vom Einweisungspersonal. Wir zeigten den Sicherheitsleuten unsere Karten und fragten nach dem Weg. Die meisten waren leider nicht sonderlich hilfreich, indem sie einfach nur den Arm nach oben ausstreckten und mit dem Finger in Richtung Hallendecke zeigten. Dies konnte nichts anderes bedeuten, als dass wir noch eine weitere Etage nach oben gehen mussten. So ging es also weiter hoch, Etage für Etage. Die oberen Bereiche wurden immer kleiner und waren weniger frequentiert. Das Sicherheitspersonal begutachtete unsere Karten nun immer genauer und einige waren sich nicht mehr sicher, wo genau unsere Plätze überhaupt sein sollten. Immer noch wurde der Arm gehoben. Nach guten 40 Minuten waren wir dann endlich am Ziel. Wir wurden in den inneren Arena-Bereich durchgelassen und dort zeigte uns dann ein Ordner erneut den ausgestreckten Arm.

Wir waren zwar im richtigen Block angekommen, mussten hier aber nochmals bis zum oberen Ende wandern. Dort durften wir noch ein paar Stufen überwinden und standen dann hinter den letzten Sitzreihen an einer Brüstung. Dieser Aufstieg war richtig anstrengend gewesen, vor allem nach den vielen Tagen, an denen wir schon so viel gelaufen waren.

Da standen wir nun, aber wo war eigentlich das Spielfeld? Unterhalb von uns saßen ja die Zuschauer und über uns war die tiefschwarze Decke. Wir mussten uns an der Brüstung festhalten, etwas vorbeugen und konnten dann die Hallentechnik sehen. Diese bestand aus einem riesigen Gerüst aus Stahlträgern, Scheinwerfern und Lautsprechern. Erst als wir dort hindurch schauten, sahen wir das kleine Spielfeld. Ohne zu übertreiben: Wir sahen maximal ein Viertel der Spielfläche. Wer noch nicht ganz verstanden hat, wo unsere Plätze waren, dem möchten wir das gern noch einmal aus einer anderen Perspektive erklären. Angenommen, der Blickwinkel ist vom Spielfeld her nach oben gerichtet: In den ersten Reihen sitzen die Stars und Sternchen. Dann fällt der Blick in den ersten Block und danach in den ersten Rang. Nach dem dritten Rang kann bereits vom Spielfeld aus kein einzelner Sitzplatz mehr ausgemacht werden. Direkt über dem Spielfeld, also unterhalb der Decke, hingen die Stahlträger der Hallentechnik. Erst wer dort hindurch geschaut hätte, hätte uns mit viel Glück und Adleraugen sehen können. Aufgrund der vielen Scheinwerfer wäre dort aber ohnehin nichts zu sehen gewesen und normalerweise dürfte niemand auf die Idee kommen, dass es dahinter noch Zuschauer gäbe, noch dazu zahlende Zuschauer ohne Sitzplatz. Wie auch immer, vom Spielverlauf haben wir natürlich nichts mitbekommen, was aber auch nicht schlimm war, denn deswegen waren wir nicht hergekommen. Wir freuten uns zusammen mit den anderen 19998 Zuschauern, genossen die gute Stimmung und Atmosphäre in der ausverkauften Arena und verfolgten das Spielgeschehen über den Videowürfel in der Hallentechnik. Dieser war trotz des ungewohnten Winkels, in dem er angebracht war (Blick von oben nach unten), gut einsehbar.

In der letzten Pause des Spiels stiegen wir wieder bis zum ersten Rang hinab. Aufgrund des Pausentrubels und weil das Sicherheitspersonal nun nicht mehr akribisch die Karten überprüfte, konnten wir in den ersten Rang schlüpfen.

Da hier ein ständiges Kommen und Gehen herrschte, fielen wir als neue Ranggäste kaum auf. Es dauerte auch nicht lang und die ersten Sitzplätze wurden frei. Wir konnten somit das Ende des Spiels aus einer perfekten Perspektive beobachten. Sogar Dirk Nowitzki konnten wir nun auf dem Spielfeld entdecken.

Unter die Zuschauer hatten sich heute Boris Becker mit seinem Sohn, sowie auch Enrique Iglesias mit seiner Freundin Anna Kournikova gemischt. Gemeinsam freuten wir uns über den Sieg der Heimmannschaft. Unterm Strich war der Besuch bei den Miami Heats in der American Airlines Arena trotz der anfangs schlechten Plätze ein besonderes Erlebnis, an das wir uns noch oft erinnern werden. Nachdem wir mit dem Taxi wieder ins Hotel gefahren waren, packten wir unsere Koffer zu Ende und stellten das erste Mal während unseres Urlaubs unseren Wecker, denn am nächsten Tag ging unser Rückflug, und den durften wir nicht verpassen.

Rückflug

Obwohl unser Flug erst um 14:00 Uhr vom Miami International Airport startete, wollten wir rechtzeitig da sein, um gute Plätze im Flieger zu bekommen. Diesmal wollten wir uns auch für den Rückflug mit allerlei Dingen versorgen. Nach unserem letzten Frühstück in Amerika gingen wir nochmals hinunter zum Strand. Wir verabschiedeten uns und freuten uns nun auch auf unser Zuhause in Deutschland.

Mit dem Linienbus ging es bequem und günstig bis zum Miami International Airport. Wir checkten gleich unser Gepäck für die Flüge nach London und München ein, denn auch auf dem Rückflug mussten wir wieder einen Zwischenstopp einlegen. Überraschenderweise verlief der Rückflug problemlos. Vielleicht lag es aber auch daran, dass wir die meiste Zeit verträumt an die schönen Tage in Amerika zurück dachten. Wir schauten uns erstmalig unsere unzähligen Fotos auf dem Notebook an und schrieben weiter an unserem Reise-Manuskript. So verging der Flug im Nu und in London bekamen wir einen ersten Eindruck vom nahenden Winter. Hier war es bereits neblig und sehr kalt. Die Landung in München brachte dann zwar Sonnenschein, aber es lag bereits der erste Schnee und wir mussten uns an die 3° C Grad Außentemperatur erst gewöhnen. In unseren Gedanken waren wir immer noch am warmen Strand am Miami Beach.

Fazit

Mit im Gepäck hatten wir bereits erste Pläne für einen weiteren Urlaub in Florida. Denn es gab noch so viele Sachen zu erleben, die wir nicht gemacht hatten und von denen wir teilweise vorher auch nichts gewusst hatten. Umso schöner war es, bereits nach der Ankunft erste Ideen zu sammeln.

Wie bereits beschrieben, würden wir bei unserem nächsten Aufenthalt lieber in Fort Lauderdale anstatt in Miami wohnen. Dort ist es sehr mondän, idyllischer und ruhiger als in der von Touristen überfüllten Großstadt Miami. Auch was unsere Sicherheit betraf, hatten wir in Fort Lauderdale keinerlei Bedenken gehabt. Noch dazu ist es dort viel grüner als in Miami und man hat die Möglichkeit, überall mit Fahrrädern oder Elektrorollern entlang zu fahren.

Was wir für unseren nächsten Besuch auf jeden Fall einplanen, ist ein Abstecher auf die Bahamas. Die liegen nur wenige Seemeilen vor Miami Beach und bieten Karibikfeeling pur. Besucher können entweder auf die Inselkette fliegen, eine Kurz-Kreuzfahrt direkt von Fort Lauderdale aus machen oder mit einer Schnellfähre in nur drei Stunden übersetzen.

Von anderen deutschen Urlaubern wurde uns noch Floridas Westküste am Golf von Mexiko empfohlen. Die Küstenlandschaft um Fort Myers und Cape Coral soll traumhaft schön und vergleichbar mit Fort Lauderdale sein. Ein weiterer Pluspunkt ist das Meer. Denn im Westen Floridas liegt der ruhigere und zum Baden besser geeignete Golf von Mexiko, wohingegen sich an der Ostküste der raue, kalte und tosende Atlantik mit seinem starken Wellengang an der Küste bricht.

Rückblickend können wir sagen, dass eine individuelle Rundreise genau nach unserem Geschmack ist. Man ist unabhängig und kann sich die Reise so zurechtlegen, wie man es möchte. Dies erfordert allerdings einiges an vorheriger Planung, um alle Details wie Transfers, Unterkünfte und Aufenthaltsdauer zu organisieren. Aber es lohnt sich, denn dadurch spart man entweder um die 30% der Kosten oder kann, im Vergleich zu fest gebuchten Pauschalangeboten, so lange an einem Ort bleiben, wie man will.

In der Regel werden bei Pauschalreisen oft auch Stationen integriert, die eigentlich niemand von allein ansteuern würde, und Hotels vorgebucht, die sich nie jemand aussuchen würde.

Alles in allem hat uns der Urlaub sehr gefallen und wir werden auf jeden Fall wiederkommen, denn neben Florida gibt es noch viele andere Regionen in Nordamerika, die es verdient haben, bereist zu werden!

Links

Bustickets über GotoBus: http://www.gotobus.com/

Zug- und Busfahrkarten über Amtrak:
http://deutsch.amtrak.com/amtrak/ende/24/_www_amtrak_com/home

Flanigan's Seafood Bar & Grill: http://www.flanigans.net/

Ernest Hemingway Home & Museum: http://www.hemingwayhome.com/

Bilder zur Key West Naval Air Station:
https://www.google.de/search?q=Naval+Air+Station+Key+West&client=firefox-a&hs=D5H&rls=org.mozilla:de:official&tbm=isch&tbo=u&source=univ&sa=X&ei=fG-eUcrGF4nnswbXpIDICQ&ved=0CFgQsAQ&biw=1600&bih=787#q=Naval+Air+Station+Key+West&rls=org.mozilla:de:official&tbm=isch

Regionalzug Miami-Fort Lauderdale: http://www.tri-rail.com/

Bubba Gump Restaurantkette: http://www.bubbagump.com/

Hafenrundfahrten in Miami: http://de.islandqueencruises.com/

Wikipedia-Artikel zu Forest Gump:
http://de.wikipedia.org/wiki/Forrest_Gump

Sumpfboottouren in den Everglades: http://www.evergladestours.com/

Wikipedia-Artikel zu den Everglades: http://de.wikipedia.org/wiki/Everglades-Nationalpark

Zollbestimmungen für Reisefreimengen:
http://www.zoll.de/DE/Privatpersonen/Reisen/Rueckkehr-aus-einem-Nicht-EU-Staat/Zoll-und-Steuern/Reisefreimengen/reisefreimengen_node.html

Homepage der Sawgrass Mills Mall: http://www.simon.com/mall/sawgrass-mills

Bildnachweise

Alle Fotografien innerhalb dieses Buches stammen von Alexander Fischer.

Lesetipps

Lust auf mehr Reiseabenteuer? Hier finden Sie weiteren spannenden Lesestoff aus unserem GRIN & Travel Programm:

Mein Jahr Neuseeland

von Carolin Werner

Jetzt kaufen auf <u>grin.com.</u>

Carolin Werner hat sich einen persönlichen Traum erfüllt und war ein Jahr als Backpacker in Neuseeland unterwegs. In diesem Buch erzählt sie ihre Geschichte und berichtet von neuen Freunden, harter Arbeit, einem verheerenden Erdbeben, geworfenen Gummistiefeln und Herr-der-Ringe-Touren auf beiden Inseln Neuseelands. Dazu liefert die Autorin jede Menge praktische Tipps, die auch gleich mit aktiven Links ins Internet versehen und somit direkt aus dem E-Book heraus aufrufbar sind. So können Sie Ihre Reise mit stets aktuellen Informationen z. B. zu Öffnungszeiten und Eintrittspreisen perfekt vorbereiten.
ISBN: 978-3-656-31580-3

Einmal quer durch Kanada

von Alexander & Cindy Fischer

Jetzt kaufen auf grin.com.

Berge, Seen, Wasserfälle und wilde Bären in Nationalparks einerseits und Großstadtflair in Vancouver, Toronto, Montreal und Ottawa andererseits - so malten sich Alexander und Cindy Fischer ihren 4-wöchigen Mietwagen- und Wanderurlaub in Kanada aus. In diesem Buch schildern sie ihre ganz persönlichen Eindrücke von den großen Nationalparks Jasper, Yoho, Mount Revelstoke und Banff und erzählen von ihrer Suche nach wilden Tieren, von schwierigen Wanderwegen, tosenden Wasserfällen und den fantastischen Berglandschaften, die Kanadas Natur so einzigartig machen. Auch in den Städten entdeckten die Autoren Ungewöhnliches und Interessantes: Eine dampfende Uhr in Vancouver, ein komplett überdachtes Straßensystem in Calgary, ein mittelalterlich anmutendes Schloss in Quebec, den rot-gold-leuchtenden Indian Summer in Ottawa und einen riesigen Turm in Toronto. Und natürlich darf auch ein Abstecher zu den berühmten Niagara-Fällen und ins nahe gelegene New York in den USA nicht fehlen. Sie erfahren in diesem Buch, was Sie bei einem Kanada-Besuch auf keinen Fall versäumen dürfen, aber auch, worauf Sie getrost verzichten sollten. Dazu liefern die Autoren jede Menge praktische Tipps, die auch gleich mit aktiven Links ins Internet versehen und somit direkt aus dem E-Book heraus aufrufbar sind. So können Sie Ihre Reise mit stets aktuellen Informationen z. B. zu Öffnungszeiten und Eintrittspreisen perfekt vorbereiten. ISBN: 978-3-656-36292-0

Südostasien – Der Weltreise dritter Teil

von Fabian Pitzer

Jetzt kaufen auf grin.com.

Der Foto-Blogger Fabian Pitzer und seine Kamera waren auf Weltreise. Sein drittes großes Ziel war Südostasien. In diesem Buch schildert er seine ganz persönlichen Eindrücke aus Thailand, Laos, China, Taiwan, Vietnam, Kambodscha und Myanmar und zeigt mit seinen kraftvollen Bildern bekannte und unbekannte Orte dieser Länder. Dabei stehen weniger die üblichen Sehenswürdigkeiten im Vordergrund, sondern vielmehr unberührte Stätten jenseits der klassischen Touristenpfade. Mit ausdrucksstarken Porträts zeigt Fabian Pitzer ganz authentisch die Menschen, ihre Kultur und ihre Art zu leben – und bezieht an der ein oder anderen Stelle sehr deutlich Position, wie es ihm als Mitteleuropäer in Südostasien erging. Pitzers weitere Reiseziele waren Arabien und Indien, die er in eigenen Bänden bei GRIN & Travel beschrieben hat.
ISBN: 978-3-656-31579-7

BEI GRIN MACHT SICH IHR WISSEN BEZAHLT

- Wir veröffentlichen Ihre Hausarbeit, Bachelor- und Masterarbeit
- Ihr eigenes eBook und Buch - weltweit in allen wichtigen Shops
- Verdienen Sie an jedem Verkauf

Jetzt bei www.GRIN.com hochladen und kostenlos publizieren